This Book Belongs To

_____

The following words can be found in the diagram below reading forward, backward, up, down and diagonally. Find the words and circle them.

morbid	cyclops
clown	hocus
kimono	potion
crypt	moon
pretend	eyeballs
mummy	horrible

```
D X C R Y P T A M U M M Y D C I
W B K T A I G N A V C K X T Y H
K G I A S F N X C V J T Y G O U
P C M J D Y L W Y T D M T R Z E
R M O R B I D P E W I C R H O Y
E D N Z U Q X W M G Q I L N L E
T N O X O L I L K C B C P W P B
E V O L A K U C S L J F R M O A
N D W P Z I V Q E O T J B O T L
D G G Q S O S C C W Q R Y O I L
M F K M H P Q E P N I N U N O S
A Q Q P O Q Z L G S U I Y A N Z
Q O B L C T F T R R Y B E P G T
X T C O U Y K F N A E Z H X T Q
V Y T P S M I R F O K X G I Z K
C Y F E W Z T U J Y I J D H R A
```

The following words can be found in the diagram below reading forward, backward, up, down and diagonally. Find the words and circle them.

craft	unnerving
creepy	fear
crypt	superhero
death	kimono
masks	masquerade
chilling	robot

```
S U C C M A S Q U E R A D E J T
C F N W S O K K I M O N O N K P
R P I N R O B O T Z J N U X D V
A X K F E A R C D D L Z T M S W
F O C Q T R Z I I K W S Z L A Z
T V O U S R V Q Q B S U E D T Y
P M U D O K W I N T F X P X X A
Y W W M R P E O N H F F Z A K C
U J R G E V U P R G S I I X F X
V D Y Y T Z U G R E K K Y P Q X
M Q P A A K K S Q O H N L D F T
A M E D Z J Y C I S C R Y P T C
S D E A T H C Y T M I R E C Y P
K T R Z P D J I U Y V F C P B Z
S O C F Y X D B F V D I T W U V
C O Y B C H I L L I N G D R A S
```

Make a target with chalk on a blackboard or the sidewalk, and then throw wet sponges at it until it disappears.

What do I need to do this activity?	Notes

The following words can be found in the diagram below reading forward, backward, up, down and diagonally. Find the words and circle them.

afterlife
coffin
zombie
hocus
fear
prank

night
pretend
clown
flashlight
weird
dracula

```
Q A C B F L A S H L I G H T R F
C O F M Q S S Q C L O W N X P N
P Q M T G W N A B W E I R D U I
R N U F E A R X M F S I W V K O
A B M C N R D V G T S W G J I M
N F V N H Q L W U L T H R M Q N
K I A C J M F I X Q A E K T B Q
D K D J F R Q W F N L H G T Y T
J M B J O L W T J E N U O X O Q
N N N R A R B F I A S B V D J C
I X I H W G U X Q I L J M C T Z
G X F I X L Y L H O C U S D Y C
H E F E L W F H A P K X C X G D
T Z O M B I E R E T Z N G A C H
G Z C P D K O O N M R S Q C R O
W K P L P R E T E N D U M J A D
```

The following words can be found in the diagram below reading forward, backward, up, down and diagonally. Find the words and circle them.

gruesome	cackle
flashlight	horrible
ghost	devil
shadow	jack
soldier	occult
grisly	cape

```
C R S A Z Z A F B U E M P D S H
Y J X C G Q B T S D Q D M P O S
T A O J S A L K S M J E S R N P
H C C U H T G W W Y V V R U B C
G K C K C W D G M P V I E Y O E
I K U Y X W I Q J X B L K R R R
L R L O N Q K H R L M R U I U E
H A T V K V Z E E J K E T I C I
S Q R S A P M C R G U G T K Q D
A B B D T O V M O W H Y C R H L
L H B M S B K O R W O D A H S O
F C H E R R K J X E P R C O G S
T Q U P K M L W A I E Z K Z L G
B R X A H M M Z O U R G L E A E
G I Q C W X X P O H B A E E C I
G H O S T I B I T H G R I S L Y
```

Organize a massive water gun battle.

What do I need to do this activity?	Notes

The following words can be found in the diagram below reading forward, backward, up, down and diagonally. Find the words and circle them.

- icky
- spell
- zombie
- casket
- pretend
- chilling
- bellowing
- coffin
- werewolf
- grisly
- weird
- fear

```
G F E A R W P X T C A K M G T W
N G Z V I Y Y L M O J P Y U E E
I R W Q Q G O S J U U G K R R D
W I E A N S K Z Y E Y U E N X N
O S I T Y K H I Z G C W D W S E
L L R K K K U F F A O P W B C T
L Y D P M C N Q A L H D Y A C E
E I I K H O N G F L L F W V Q R
B Q A V R Q N S T T H F V U W P
W C Z U L I D C D M N L B C A W
M F T H L W K I R E I B M O Z B
Y J V L E R Q A N L W K O F W E
S Z I I P E M T F M P R S F J Z
O H T H S G U G P Q Y G Q I L S
C N V G K A Z J I D V C J N I R
A A I C K Y B A C A S K E T P U
```

Page 9

The following words can be found in the diagram below reading forward, backward, up, down and diagonally. Find the words and circle them.

genie
rotten
zombie
prank
skull
ectoplasm

moon
cape
morbid
chilling
specter
flashlight

```
S T K M J T G N I L L I H C R I
J P H L A C O O V V R E E T X G
U I E I R D W M O Z O M B I E E
K R G C E B T O V K T W F R I N
G U W V T P S Z U L T W O T E I
G X C A P E B T M M E L S R N E
L F I W C N R O K U N I G P Y Z
O S L K H F M P O C Q H O D S H
U F T Z N P B S B D M W L T L K
S Z C D K K I Z A Y L Q G A T P
Y H N D A N R P P L T T B P F R
U A P M A R Q L C Y P L B J B A
H J V G R J J R W N O O M B H N
M U A N M O R B I D K F T H L K
V U S K U L L L N K X P J C I R
S J Y C T H G I L H S A L F E F
```

Go on an alphabet treasure hunt. See if you can find things that begin with every letter in nature.

What do I need to do this activity?	Notes

The following words can be found in the diagram below reading forward, backward, up, down and diagonally. Find the words and circle them.

- monster
- beast
- terrify
- candy
- prank
- fog
- cape
- night
- treat
- morbid
- specter
- soldier

```
M L G T Z H H F S Y I I G T A S
A N W D T I O X Z G U R J P O J
Y C V F V U M C Z F C A H L N G
A O T G N K K H S Y A E D R E Y
J O R O T N Q O S L P I I F N H
R P E L O O Y U P M E B D X L R
E R A K Q J P I O R N R D C K E
T A T Q T S Z J E H P R O A G T
S N D Z H A Y T M C W J N H A C
N K X W G F I L K A P M L F E E
O K P I I R E A G F G K E H D P
M R J R N A A X H A U D J G O S
J V R A U B E E R N W W N F C B
U E M G C Q X M Q D I B R O M Y
T J Y Z E C I L Q R G Q M G I V
B E A S T Q Z I M V C A N D Y W
```

The following words can be found in the diagram below reading forward, backward, up, down and diagonally. Find the words and circle them.

ectoplasm	eyeballs
apparition	corpse
superhero	icky
masks	cackle
dead	casket
spell	wicked

```
A G Z B V F V Q T Y W B A I T E
N A Z Y I T Y H T X P P D J Y Q
O X H R D G T Z L O P D F E N O
I M H N U A O T Y X N E B W E R
T G U U W X D N U K E A Y Q Y E
I C W Y C N N H A A L D O O U H
R A I P C O O Z M L B L E I F R
A C C Z L E C S S C R X N W W E
P K K D L V A U G I I O J I D P
P L E X E L D S A R C G Z T R U
A E D E P B W D G Z A G Y W T S
V S X O S Q M D Z E S P R O C V
S I T D V F H N F Z K T F S L K
U C H N A G U Z D N E U W L K I
E P J E H R H C X O T Q C O K I
G V M A S K S S I C K Y B D G B
```

The following words can be found in the diagram below reading forward, backward, up, down and diagonally. Find the words and circle them.

corpse	craft
gown	ogre
masquerade	hocus
beast	clown
dead	darkness
popcorn	disguise

```
Q O F A V T F R G U T T L Y X D
G M F L M I F F B W B H Y X I L
O H B D M B Y G G P M O B S J G
N H O D T U I E G R J C G M T G
E C G N R D Y G K Z J U X B I D
D R R H Y Q J H X W I S P A P J
A A E I U Q A E C S T K P K N O
R F R Y O B W S E P J Z X I Q N
E T G P N C S E O S O X M E X R
U Q G Q B E W B P L S N Z U J O
Q P D J N M L A T B O V F C C C
S O U K W Z A Y W R E N S L B P
A O R H O M H V M E S P R O C O
M A B F G B E P O Q P H S W E P
D C Y G R S G R Q D J V Q N B W
B E A S T F I J M D E A D E V N
```

Color Me In

The following words can be found in the diagram below reading forward, backward, up, down and diagonally. Find the words and circle them.

toga
terrify
cemetary
undead
fall
icky

bugs
clown
dead
heart
apparition
bellowing

```
W C I B J X W O P D N H I W V C
P T X M V X F D F A H E F T E X
H B Z J D B R F K P C A Z M F F
N U D M N B I D V F P R E Q D U
O G E U J V C O P Z V T O I Z Q
I S A A F B Q H A V A M N J N V
T M D I B C Z F G R W T O S V Y
I C H V Y W E N Y X N E D O V F
R K P Q X C I Z K Y M T A O S I
A F L M T W D I W K E U H I S R
P U N L O V J I G Y Y D A C Y R
P N Z L K H Z Y A F J N Y L N E
A V L A U X A O F I H Z V O C T
I E E F J H D M I B A H L W H H
B K H M T U K G Q D A E D N U F
E T O G A Q U J I C K Y Z B J V
```

The following words can be found in the diagram below reading forward, backward, up, down and diagonally. Find the words and circle them.

- masquerade
- terrify
- beast
- weird
- cyclops
- popcorn
- robot
- heart
- blood
- sweets
- casket
- dead

```
K C B E A S T M H D B L O O D T
T V P H W K B A I H F L Y S X T
E S W E E T S Z D C H M V F E E
H J O A K W W N P Q J W E R M U
C G N R D N T O M L M E R D R M
Y L Q T T S C O X H V I H E W A
C F E T T T J D Y V F R X A C S
L F J A T C P F N Y C D W D A Q
O Y S Q Q V E O C A W Y G A S U
P S Z U B C N T X A Y G B R K E
S I Q W R R W S T U L J L G E R
O A J P O X I V X A V S B Y T A
L Y Y C B K F Z B N Q Y J J S D
E U P C O Q B Q Q L F N T B L E
U O W E T W U Q U T A Z T C N J
P B X S T B N V S P M J A S X U
```

Page 17

The following words can be found in the diagram below reading forward, backward, up, down and diagonally. Find the words and circle them.

masquerade	occult
snake	moon
prank	wicked
horrible	gown
vampire	fall
dracula	crypt

```
Y V S N A K E C W M O O N O S L
J O W N X I C S G Z M A R B P H
K E I A I M V C X Z B V V E O R
J O C C U L T W D S L Q Q R U T
I A K S V B J W Q U B Q R C G N
V M E E K L G G G F K I Y Q O M
A G D C I S S Z M A B M H N W A
M E D O O A P E I L C V L P N S
P H P A T W R H E L A G G Q N Q
I I Z F B Y A S N G F S K C T U
R G L Y P L N N T A D B Q R D E
E V M L U V K S R M F Z M Y L R
B K D C O R J G C N N A P C A
A U A D D W T H R F S N Y T J D
Z R E J M P K X T Z O C F Q F E
D T E F V E A Z I W S Q N X I A
```

Color Me In

The following words can be found in the diagram below reading forward, backward, up, down and diagonally. Find the words and circle them.

angel	ghastly
coffin	disguise
enchant	cyclops
ghost	casket
queen	scare
king	games

```
M E G F M J D I S G U I S E L F
A S N R C A S K E T S P M Y L J
N A M C O D G A M E S F P L P P
G L S I H U N P F A V L N F X S
E Y O S C A R E L N B K Z K K L
L Y N R O Y N G E K Z M F N C L
N X W B D T U T B I F P J Q P U
B A T O R H N Y L Y Y Y D L A P
Z Y L A C F U D N A T X Q I R R
J K N G B R U Z D S S Y C W J D
Q K I N G L I B X I P E D C I R
U C F B O T K F K G H O S T T P
E Q F U H K U L D S N A L B Q M
E K O S K S W N V F E Y G C S R
N R C Y B K N S F V D A G G Y S
T H U J T F G H A S T L Y C D C
```

The following words can be found in the diagram below reading forward, backward, up, down and diagonally. Find the words and circle them.

terrify	crypt
weird	skull
mausoleum	ogre
apparition	death
scare	jack
alarming	spider

```
G  S  C  A  R  E  B  F  O  G  R  E  K  B  Z  G
W  Y  C  T  P  B  O  I  R  K  O  P  D  X  H  M
L  H  R  S  U  S  A  D  W  R  W  C  T  C  A  N
T  U  Y  B  T  R  A  N  G  B  S  B  P  U  T  A
E  S  P  I  D  E  R  M  E  J  K  Q  S  B  Q  P
R  B  T  I  J  V  B  K  Z  X  U  O  C  V  A  P
R  W  Y  N  R  Z  H  I  Z  V  L  P  B  X  E  A
I  U  J  J  E  A  K  U  B  E  L  T  E  X  D  R
F  U  P  W  R  W  S  G  U  S  S  O  Q  J  E  I
Y  G  F  Q  N  E  N  M  O  P  J  D  R  A  A  T
G  I  M  Q  R  I  Q  Q  C  L  S  V  Q  C  T  I
P  P  F  L  M  R  H  X  D  Z  L  U  G  K  H  O
R  K  U  R  F  D  A  D  J  R  K  R  E  A  J  N
V  R  A  L  G  J  H  W  Y  W  C  K  E  Z  O  D
L  L  I  K  D  T  E  I  T  I  S  L  S  J  P  T
A  T  K  K  F  R  U  M  N  T  I  Q  E  M  Q  S
```

The following words can be found in the diagram below reading forward, backward, up, down and diagonally. Find the words and circle them.

grisly	robot
zombie	queen
unnerving	soldier
sweets	goblin
black	afterlife
fairy	mausoleum

```
C H B J E H Q A O B M W B R T M
J U G C M O O T U D M R L W A F
G Q O T Y H A Z R F G I F U V J
N U B S R K J K T E N R S F S B
I E L Z N E M F Q I K O K G S R
V E I K F J P M R V L B H B N E
R N N Y M X J F E E B O W L U I
E Y L I D X O F U U G T Z E M D
N R P S B F I M F S A M U O L L
N G L U Y L M N R Y I P Z J Q O
U T H E R N O D R A V H O T W S
M Y P E I M L J A W Q M M Q C Z
I B T H A X K Y Q S D E B H H W
H F C D F B Z P Z Y L S I R G O
A C K Y C H O P Y R P G E S X D
D S W E E T S V U B L A C K W Z
```

Color Me In

The following words can be found in the diagram below reading forward, backward, up, down and diagonally. Find the words and circle them.

- potion
- afterlife
- undead
- fear
- ectoplasm
- flashlight
- hocus
- corpse
- genie
- snake
- grim
- terrify

```
C H B G A Q I M A O K L D H D T
M A G X Z U H T J T J G I M E U
B Z R Y E H Z L H Q U E T R Q I
T E I C L M G X M E X N R G L Q
H S M Q F A Y R U A R I T F Y M
G N T Q G J K A Z S F E E C D S
I A R I B D N Y E Y K Y P A E A
L K Q Z V K A F N E F M X W S L
H E G G S G I Y X I C O R E S P
S E C R C L D S D I I C E T C O
A R X A R I D U E V A K O H H T
L J L E P M A H Q N O I T O P C
F S T F M T V P M Y X U A C B E
N F D T L M W F Q S G B H U N L
A T D X T K O M W I H M U S F K
O U N D E A D G M C C O R P S E
```

Page 24

The following words can be found in the diagram below reading forward, backward, up, down and diagonally. Find the words and circle them.

shadow
fog
unnerving
eyeballs
disguise
ogre

masquerade
treat
goblin
icky
prank
genie

```
O U M A S Q U E R A D E N B I R
K B N I I Q S I C K Y R N L M G
F N W N P R A N K M D J V J X A
O O G R E M X V Z O W N C Y V T
G I X C Q R O U I C F U J T R V
X A Q G X Q V T V M S K I F M G
B F O Y I F N I C N P I I Y C Z
T Z Z K G X B Z N S N R C V X P
C Z U R Y C W L E G F K A O S Y
G Q S S W Q S C X S P D W I Q O
O L M L O A O G E N I E K V F I
B Y C U D E M U S F T U J X L A
L T R E A T P N X F R U G O I I
I Z U T H A J E W O N U Q S H Y
N D C R S I W B F H B V V Z I A
N T E Y E B A L L S O V B O P D
```

Page 25

Organize a family game night and pull out old standards like Monopoly, Scrabble and Pictionary. Winners can earn points to cash in for small prizes or extra scoops of ice cream.

What do I need to do this activity?	Notes

The following words can be found in the diagram below reading forward, backward, up, down and diagonally. Find the words and circle them.

- devil
- sweets
- games
- candy
- mausoleum
- grim
- enchant
- potion
- popcorn
- werewolf
- goblin
- coffin

```
C A N D Y P W F P O T I O N A W
U H Y G C G R Q E G B B S Y C W
U N Z A P J U C W A G H P V E E
U W A M O D Y R J D Q I O R W J
E S W E E T S P P E I R E J W M
N R Z S F L B C L V H W J A G A
C D N U Z O J D M I O B N C O U
H J B Z T R O B J L Y X A C B S
A X D M Z F X H F O Y K B O L O
N T K P D G N O C F B F O F I L
T D F I V R T J E S H F P F N E
K R P P O I P W E O G F H I R U
V K F C Y M P G D E K I M N F M
C W P J U E P K O H Z E W V I K
C O O S T J D Z I T F L Y P U L
P V W H F R M U C B B C F Y X O
```

The following words can be found in the diagram below reading forward, backward, up, down and diagonally. Find the words and circle them.

afterlife	scare
cemetary	death
crypt	spider
games	beast
monster	potion
sweets	dracula

```
E C R Y P T C X F I S P I D E R
F L R S H B Z Y U N W V A S Q C
F V K C J I B R V R L D O S E P
R Q V A Z W G R E I Q E D M C E
M Z X R E S O J N Y S A E P V A
O S W E E T S Z J R R T U O G F
N J K X A F X W M P A H B T U T
S G E X K E U O W R J X J I H E
T P F H Z X G Y Y U D I E O B R
E B I K Z F A W O H Q U L N E L
R O E P I L M S M S Q V Z G A I
B H F Y U F E Z B O E D X O S F
C D K C Q K S B L V P P L Y T E
I X A R Y S Q E U X J S D J U R
N R X P C A S N R C P C Y F R J
D E Z H V Y A L C U J M M M V G
```

The following words can be found in the diagram below reading forward, backward, up, down and diagonally. Find the words and circle them.

- shadow
- cackle
- masquerade
- ectoplasm
- potion
- scream
- ghost
- terrify
- specter
- robot
- beast
- candy

```
S E M A S Q U E R A D E W G J K
P S C W S S L R O B O T P G C A
O W G T X U C A N D Y A C F A Z
T O M D O O A I F M B B T L M L
I H E D T P U K W U H C R C D T
O I D S W Q L W L Q F Q D G S W
N S F I Z B E A S T K L T E W P
Z D S R G V L O S Z D K Q A V G
S F M K M F G E K M P E V A Y Z
C X W N Z A G Q G R B B V B F F
R R O F B Y L N J X E T Q C D F
E H D Y G F Y G H O S T D T X D
A C A C K L E Z O K B P C F C U
M L H U A M T L Z C J S T E L W
Y T S V E Y U H R S L R G W P S
W C T E R R I F Y V Q N Q Q Z S
```

Color Me In

The following words can be found in the diagram below reading forward, backward, up, down and diagonally. Find the words and circle them.

pretend
ectoplasm
robot
fall
death
fairy

genie
mummy
treat
eyeballs
fog
gruesome

```
R P U T G T V B V R K B I J G G
R K T H B I E R X M Y X I R R J
G V R A V P T C J P E E H U O G
P X E N H I V I Q Z Z N E L Y K
U Q A T B L U X B O F S A K E E
M P T M T W B R J I O Z F R P E
S M R D Q P N K G M G H M R C J
A U T R J D V S E O T H H P J D
L M Z Z L S L Y E J O J B R Z N
P M R F L L K X N W P P G I H E
O Y P M A C E F K M D V T L V T
T M J B F Z W X I X E P I O U E
C T E M I P B X W J A E M W H R
E Y Q B R C X L O S T O B O R P
E Y X R U V A S L J H H F C T N
S V F A I R Y L O G E N I E F Q
```

The following words can be found in the diagram below reading forward, backward, up, down and diagonally. Find the words and circle them.

horrify
horrible
kimono
fall
dead
superhero

ogre
grisly
blood
scare
potion
werewolf

```
F A L L M Z F Z R D E A D D C Q
Y S G C K Z S K R O Q C R A P H
Y L R Z F I A T L K G L O P O G
C K I M O N O T J T R B G R S V
C B S O M S D D V U D L R S C P
L Y L X M S J X Y V M I E E A X
H F Y N R X P N Z Q B C M P R S
O J F Q F A T R S L I C R O E U
R G P J Q B M F E I L Z N T I P
R E B A C L L Q N C H P P I R E
I V F W V O Y N O H Q F O O F R
F P E R W O X P Q K Y V M N Y H
Y Y C E M D A K C Q B X V X T E
U L R H B B N P H C T Z A I Q R
L E H M X F K A S L K U B L R O
W W J K Q U S S W F H E I B D I
```

Page 32

The following words can be found in the diagram below reading forward, backward, up, down and diagonally. Find the words and circle them.

terrify
treat
shadow
hocus
mummy
elf

potion
candy
blood
darkness
werewolf
soldier

```
D W Q Y D A R K N E S S N B A E
M G E W R D F X P O T I O N F L
U E J R L B L O O D F A O U E V
M L G G E B Q B K U S J H U J L
M A F D D W L B J X F T I K T W
Y F Y S R H O C U S F Y T V A D
P S N W M W I L N C M Q O N Z L
S S U D M R J K F J B P H U L H
Y B A L Y N I H A K T Q Z G Q K
E Z W J E D W V T R E A T N G F
L O O W M I I U H J E V S I I B
F P D J L I A K P R V I P A A S
W C A N D Y V F D B U A D N D I
I K H R E D A M E P W Q X L W A
N N S W C O W U K S A O T U O O
H X W P T E R R I F Y I O T L S
```

The following words can be found in the diagram below reading forward, backward, up, down and diagonally. Find the words and circle them.

goblin
soldier
werewolf
candy
mausoleum
occult

darkness
corpse
ogre
icky
bugs
moon

```
O W M A U S O L E U M Q M M J B
C Y E S J E I S B U G S S N H D
C T T R Z Z M O O N S N K J L F
U O G R E K Q K O M T F Y G O A
L E G J J W P B C D J F X D F W
T V S H F E O M P U W E H Q K F
X Y F C F P L L V R N Z A T W E
Y S Z R E W L F U R I Z Y Y J
I E V I K X O A S J K R X J S Q
C F N W P X W H X S B D J V V R
K V I U Q F Y L O I E J C J S M
Y A L Q V S G B P C A N D Y W Z
L D B W M G F I C X E W K N J U
Y C O R P S E X D I A M B R N N
R J G F Y K U U J G X G T E A M
B G S O L D I E R J G C W P X D
```

Page 34

Color Me In

The following words can be found in the diagram below reading forward, backward, up, down and diagonally. Find the words and circle them.

icky	grisly
terrify	eyeballs
death	prank
undead	crypt
bugs	snake
darkness	revolting

```
E P Y Y F I R R E T L B N D G L
G Y K J X G M N L K J U V E C Y
W M E Z M V Y Y E K S N A K E I
N C V B O Q Z V C F F D L D M C
Y Q D E A T H X I A T E N C R K
J P R V K L Q T O B H A R X W Y
I W R K B X L V F J T D V G C W
A P Y R Z N J S U Y Z O N A W F
X S O U K Y V S H U B R O W Y R
T Y G R Q F F Z S A E Z P R A B
M X Y E L S O K O E W F P N U U
M L L F J S W A Y K N A R P C G
Z Z G Y P Y Y B V X G K G P V S
R D R C R Y P T W S F Q R E Q C
J A G R I S L Y V G A T I A A S
O G N I T L O V E R Z I M Y D J
```

The following words can be found in the diagram below reading forward, backward, up, down and diagonally. Find the words and circle them.

specter
cemetary
candy
crypt
ogre
king

ghost
horrible
mausoleum
icky
clown
wicked

K C A N D Y L Z C R Y P T M R E
M O Q I H F I S Q I V J O O J C
S W I C K E D B N H L A G B E M
P U F K K D C M N N L Z R M E A
E Q L Y T G S Y O L P X E C G U
C Y L Q Z Y X L Z Z G T E L K S
T J G X W U I V Y Z A H S O F O
E A Q U L F R S E R D J E W C L
R H P B G W F E Y Q F M N N B E
G W W E V D L X B E N V Q T G U
N I X Q K B S C S Z S T F O H M
Z W T L I J U R G R W C V T O D
Z H Y R N P B L Y Z C Q B U S Q
T O R W G I O S B A C W S I T O
O O K K I N J Q M Z R X X Q A O
H S V E M K A U Y T W Y V T Q E

The following words can be found in the diagram below reading forward, backward, up, down and diagonally. Find the words and circle them.

- ogre
- horrify
- goblin
- snake
- cyclops
- craft
- blood
- zombie
- gruesome
- shadow
- angel
- alarming

```
B O G R E O Y B P V C R A F T E
E H Z H N F S T A S C P X L S A
H G O B L I N S N R Q V U E L G
O Q M A G R O E T E A X J A H R
R F B X N X Q N Q S C O R A S U
R E I V G R N X N H B M D N H E
I I E I V W M P B S I N N G A S
F K V S H J Q X W N G P Z E D O
Y U T V B L I Y G A Y Q A L O M
C Y I Y B V S V N K W J A G W E
E T O N L P K L K E Q B J L U F
M G O L O F E M H D U G Z Q T V
Z U C L O D O R R Y C B O D L A
Y Q C M D F E Y K J K R N F Y M
V Y R I U M L X A C P Z F Q N J
C C O H S B N X Z X H K P U P N
```

Page 38

Color Me In

The following words can be found in the diagram below reading forward, backward, up, down and diagonally. Find the words and circle them.

enchant
moon
undead
wicked
mausoleum
horrible

kimono
craft
soldier
masks
corpse
casket

```
S B M T N A H C N E M L F A O Z
C O E P V F N A S X H O T U K M
Y A L A D V K A Z K I M O N O M
J C L D V N R W C R Z G G D V O
M U W E I R D S L N F J O E G O
N K Q N J E A P V W D M S A F N
D S M K N C R A F T Y E J D D W
N V I B B R P H E A Y S J Y H E
V L R N R V F E E F T C K D G G
C Q B O R D G H L K L H J D R W
A I L W D X N Q O B I W S O Q I
S V Y T B F K D U C I G A J R C
K M R A Q J I C F L Z R T C N K
E C O R P S E C Z G R P R B P E
T J C V U F M A S K S P W O M D
Q M U E L O S U A M G D C X H D
```

The following words can be found in the diagram below reading forward, backward, up, down and diagonally. Find the words and circle them.

dracula
popcorn
fall
masquerade
chilling
cape

wig
kimono
mummy
grisly
fog
corpse

```
S X R P V G F M J L M H I T G P
P B W X X Y F J S P C K T Y O U
Q Q S I F O O L A Y W M G P E G
E M N U I K R F I X O F C B M R
D U L G P G X G Z F M O N U X O
A M C T T B Z Y I M R G T Q W L
R M O V F I K G V N B S C R Z A
E Y R Z X Y F G K M A H A T B L
U B P T A G N J G T Z D E V I U
Q N S F P I I G H K Y G K G V C
S F E P L W G R P O S J Q R T A
A C Q L D J K D M O N O M I K R
M P I Y U C E K L L R W J S Y D
G H F E W L W M Z O V P H L Y G
C L H R O T G M O I R Y U Y C Q
F A L L Q L P W Q T C A P E S B
```

Page 41

The following words can be found in the diagram below reading forward, backward, up, down and diagonally. Find the words and circle them.

masquerade	kimono
candy	scare
superhero	gown
elf	ogre
popcorn	fog
disguise	fall

```
D I M S E N R O C P O P I H U Q
T I U G S M U P U Z X C K B N C
S H S K J W B Z K A I T I N A A
X V I G S L B M R U Y M M J T N
L H W M U V O U G Y Q G O W N D
H Y B H H I V U I T Q Q N L C Y
S Y T M X F S W Q R D M O E Z B
Z F Z Q M Y O E S U F N P N G F
F D S I V Q B R I N H E E Z I Q
A D H S C N S S E A Q L U V Y E
L K J F Q N X Y J H N A R B H L
L V F H E W L M O N R Z G G Z F
X R U T Q E C V V P T E R G O T
Y H T Q I F O G B M O I P Q K U
C Z I C S C A R E G P B D U H W
W X E D A R E U Q S A M A Z S T
```

Page 42

The following words can be found in the diagram below reading forward, backward, up, down and diagonally. Find the words and circle them.

fog
elf
toga
morbid
enchant
fear

genie
sweets
spell
monster
afterlife
terrify

```
F U Q C F L W M S G T K E S M T
O S E H C F S W Q S T G O K E K
V S G P P W R V I O H E B R U A
L W Z T Y N L C V O H N R O K Y
G E D M R O H X D X U I V S C J
E E S A D E A P E U F E N R F Q
F T P M T Y B E W Y H I I Z W P
I S E W A N Q V G T F G W K H R
L M L O B Z T F G P S A N U E E
R K L B N N S A K I X K V O G T
E B H M A I E W P Q K Q Q Q X S
T F J H G X T D C D F P F W G N
F Z C E O D K A S Q C Z E D K O
A N E Z T Z V K Q L A N A R K M
E L K N N O T D L D I B R O M Z
D Q F O G D N Q V E L F E S V H
```

Color Me In

The following words can be found in the diagram below reading forward, backward, up, down and diagonally. Find the words and circle them.

scream
robot
flashlight
black
specter
creepy

mummy
soldier
wicked
afterlife
icky
casket

```
I K R O B O T M C R E E P Y H K
F T W X P V Q B G H V K N R S A
S U I A Y F F F I B O I O U F F
P S C R E A M Q Y G X J M T R L
E G K B N X D T F Z E T E Q W A
C N E Q V T W B C X B R P K L S
T K D B K Q Z U C R L A E I E H
E Y I D H C W X I A Y J C O L
R U C K W E I L F P C U V K Q I
F M P Z P G R E A U K L Y Y M G
C J B K L E X I K H W F K H U H
B P Q N I F L J V Q W L Q M M T
S Q G D D O J N Q U Y O C J M W
Z O L G H P W X D B I M X Z Y I
I O P U B G B F V L S L F Q A I
S A W H O D O C A S K E T D Z M
```

Page 45

The following words can be found in the diagram below reading forward, backward, up, down and diagonally. Find the words and circle them.

chilling	coffin
ghastly	cackle
snake	occult
terrify	cape
soldier	death
beast	ogre

```
W J X B K X O Z W H G M B D C S
J J Y W Y S C S V V R S H U O M
N Q O V L S G J G G C G O L M S
P P G V Z Z T W X M A Y D P H U
H A R C C M Q T I B P I L O L S
U D E R G G K W W G E V V Z R T
G E M Q J U K R U R M T G D M O
N A E Y D P Q Y H W F R S B X Y
I T O X X F Y Q J V A D G R X F
L H T L E L W X T B W X R M V I
L Y J A T P C C N S R Z L W Q R
I U S S S Q Y Z I N I F F O C R
H W A S A T A O R A U P N R G E
C H A N E F K N V K N P I E P T
G T B F B O T W M E T F I L Y J
A C A C K L E P O C C U L T E Q
```

Page 46

The following words can be found in the diagram below reading forward, backward, up, down and diagonally. Find the words and circle them.

fog	fall
bellowing	ectoplasm
candy	horrify
coffin	crypt
king	black
potion	alarming

```
G E B E L L O W I N G F M N H P
I D C A B F A L L J H F T T Q Q
F Q B T H S I B L A C K W U Q W
O W N U O G A B M N O T C X X D
G Y C R Y P T H L D A F U Q V V
Y O E U I V L Q F I K M J L Z X
A S A Y Q D W A X P A X U V O P
R M E V H N Q Y S T Z J F J V F
G W Y G U O K Q G M L A R J U M
X K N D K O Y S C N P Q V P A B
C Z I V G F R E M K I N G L S X
A C F E X T N S G K C M J V R I
N N F T Y E O N E Q M Z R W S R
D P O T I O N B F C U D F A Y A
Y Y C L S E W U O R M W F F L V
J U H O R R I F Y I N K V M H A
```

Color Me In

The following words can be found in the diagram below reading forward, backward, up, down and diagonally. Find the words and circle them.

corpse	hocus
fear	gruesome
snake	jack
mummy	soldier
fall	chilling
clown	horrify

```
Q C S M N C G R U E S O M E K Q
F E H H O C U S C I M M R W Z M
E K L I Q Q M O J A C K K N E O
A J F A L L S X M N N E Z A H K
R Q L M Z L X Z R T Z D E K U V
X I F L M U I U F R G T E L T F
S D W D Q W B N P N V O Q Z Z K
U X T A I F U C G L M J E Q U X
S W M B S Q R O R H C M W T M V
N E H E S M U M M Y X H B D C D
A O O S M T F H Q B F T S U K J
K J B P Q L N M E A I I J H A G
E O B R K Q F Y F S S K R Z J L
T C L O W N B G D K P E B R B S
N G S C V P A W W O Y G F D O F
K V X V V G S O L D I E R H O H
```

Page 49

The following words can be found in the diagram below reading forward, backward, up, down and diagonally. Find the words and circle them.

- popcorn
- bellowing
- horrify
- soldier
- undead
- mummy
- corpse
- night
- candy
- fog
- angel
- fairy

```
X R G X I P P A B H V K L S Y S
G A T D J V T S W P O O L V O V
N N F W W A U O H R W W H L X X
I G A O T H A L G T O N D P O Y
W E I H I K W W Z H R I U E O F
O L R V Y C C Q Z Z E G X X W I
L M Y Q E N B K G R P H A V X R
L I G U F G C X A G L T W F O R
E Z V O Y T N L V G B Z T D K O
B A T K G R W Q T C L Z I N W H
J U H G O A W F V K D P V C Z W
X Z P C F A J Q T U M K O A P W
N Y P K J I F R O D A E D N U F
N O T A X X Q S X M Q W C D Q F
P S K A F V O U R C S B M Y A G
M U M M Y D P L Q C O R P S E J
```

The following words can be found in the diagram below reading forward, backward, up, down and diagonally. Find the words and circle them.

wicked	queen
elf	fear
games	goblin
beast	alarming
ghastly	masks
superhero	gruesome

```
D T F G Z A A X G L B G D I D G
M U N L P W K T B Y O A A X R J
I I B M C H T B H T Y M O U F A
R Q N D E I Q P X N A E E R P Z
F U M P W P Y F Q L I S X E J F
O E A X I T C J L Q O M P Y D F
R E S W Q F N F E M T V B I U H
E N K Z F Q W G E J A B H I V Y
H K S S G A N F W Z I B V Z H L
R I F M C I B O K V W J B G M T
E G L M M I T V D D N J E O S S
P G D R B H Z B P I H B K B I A
U Q A A V E M E F Y K R K L T H
S L K E G W O T G D E K C I W G
A S M F M W O U W P J E W N L P
F B E L F K J N B E A S T P P M
```

Color Me In

The following words can be found in the diagram below reading forward, backward, up, down and diagonally. Find the words and circle them.

grim	beast
spell	death
monster	cackle
soldier	fairy
queen	grisly
popcorn	cemetary

```
P H T A Z R E I D L O S M W J L
W O Q H K V W V T U N K C E L G
P E P V U S N K Z P D E A T H R
A G I C B G U X P F U F C N F I
B K A V O F O F J A V O K W P M
G J F A I R Y A G Y B M L G C S
B Z I H U O N U Z P F A E K K O
Q U P L I L B P U B V T C H A E
Z B E I I Z W D Y L I Y W S N S
M M C X V N Z K R I A F B D N P
C I M D N V M M R E P K D Y J E
Z R W L E Y J Z M I T S A E B L
J V J P X N C Z W P C S J K P L
W B F H G R I S L Y F D N Q E U
N Q U E E N Q Y M A Y Y J O H U
S X R G Y R A T E M E C Z R M C
```

Page 53

The following words can be found in the diagram below reading forward, backward, up, down and diagonally. Find the words and circle them.

ogre	flashlight
crown	cemetary
werewolf	soldier
jack	night
shadow	weird
morbid	crypt

```
Y O O G R E A J M O R B I D G Q
V X E J R G T E T H X Q L G Q W
X S H A D O W L T A A C F I E V
C G E C W E T W O A N R J R Y F
E R B K E K G X S D O O E C D L
M K E A V X A W C I R W J R N A
E O N G K B G X L E O N P Y M S
T I Z S G R W U U L G Y V P C H
A W V Z Z E Q I F R E W X T P L
R X E M J I R B W R B O X T W I
Y L S O N E S R J U N F T N E G
J K V B I P R Z E P D R Z L I H
T V D D G U K B O V T C N K R T
M I L Y H R C L A N H B C Z D A
H O P E T Y O Q R J T M T U B P
S O D D Z P M X G O J H C Q J E
```

Page 54

Collaborate on a summer vacation scrapbook using one page for each day.

What do I need to do this activity?	Notes

The following words can be found in the diagram below reading forward, backward, up, down and diagonally. Find the words and circle them.

snake
beast
enchant
fairy
ectoplasm
cackle

crypt
elf
fall
ghastly
terrify
morbid

```
S E U M G E C T O P L A S M Z L
N X N B B J E L F O S Y Q Y L D
A I T C M F D M O R B I D J S V
K I Y L H Q Z A G U N N T Z K V
E A U B E A S T J T S Z S D D A
W Q F A A Y N W I W I Y V I F P
W S J V D E W T X O P P O H T R
H Q H N Q H M M Q I V P D D U T
C Z N D V R H R O W H E K O X C
R W E N K K E S W Y R I E M X I
Y Q L S C Q G F L X F N C M J J
P Q K U Y O X V B F A I R Y H F
T G C Z C X I H K G P A R Y S Q
F F A L L X B D K E P U O R F P
N T C M I V T O B T Q Z C X E J
I N J H F G H A S T L Y A M C T
```

Answer Key

From Page 3

```
D X C R Y P T A M U M M Y D C I
W B K T A I G N A V C K X T Y H
K G I A S F N X C V J T Y G O U
P C M J D Y L W Y T D M T R Z E
R M O R B I D P E W I C R H O Y
E D N Z U Q X W M G Q I L N L E
T N O X O L I L K C B C P W P B
E V O L A K U C S L J F R M O A
N D W P Z I V O R O T J B O T L
D G G Q S O S C C W Q R Y O I L
M F K M H P Q E P N I N U N O S
A Q Q P O Q Z L G S U I Y A N Z
Q O B L C T F T R R Y B E P G T
X T C O U Y K F N A E Z H X T Q
V Y T P S M I R F O K X G I Z K
C Y F E W Z T U J Y I J D H R A
```

From Page 4

```
S U C C M A S Q U E R A D E J T
C F N W S O K K I M O N O N K P
R P I N R O B O T Z J N U X D V
A X K F E A R C D D L Z T M S W
F O C Q T R Z I I K W S Z L A Z
T V O U S R V Q Q B S U E D T Y
P M U D O K W I N T F X P X X A
Y W W M R P E O N H F F Z A K C
U J R G E V U P R G S I I X F X
V D Y Y T Z U G R E K K Y P Q X
M Q P A A K K S Q O H N L D F T
A M E D Z J Y C I S C R Y P T C
S D E A T H C Y T M I R E C Y P
K T R Z P D J I U Y V F C P B Z
S O C F Y X D B F V D I T W U V
C O Y B C H I L L I N G D R A S
```

From Page 6

```
Q A C B F L A S H L I G H T R F
C O F M Q S S Q C L O W N X P N
P Q M T G W N A B W E I R D U I
R N U F F A R X M F S I W V K O
A B M C N R D V G T S W G J I M
N F V N H Q L W U L T H R M Q N
K I A C J M F I X Q A E K T B Q
D K D J F R Q W F N L H G T Y T
J M B J O L W T J E N U O X O Q
N N N R A R B F I A S B V D J C
I X I H W G U X Q I L J M C T Z
G X F I X L Y L H O C U S D Y C
H E F E L W F H A P K X C X G D
T Z O M B I E R E T Z N G A C H
G Z C P D K O O N M R S Q C R O
W K P L P R E T E N D U M J A D
```

From Page 7

```
C R S A Z Z A F B U E M P D S H
Y J X C G Q B T S D Q D M P O S
T A O J S A L K S M J E S K N P
H C C U H T G W W Y V V R U B C
G K C K C W D G M P V I E Y O E
I K U Y X W I Q J X B L K R R R
L R L O N Q K H R L M R U I U E
H A T V K V Z E R J K E T I C I
S Q R S A P M C R G U G T K Q D
A B B D T O V M O W H Y C R H L
L H B M S B K O R W O D A H S O
F C H E R R K J X E P R C O G S
T Q U P K M L W A I E Z K Z L G
B R X A H M M Z O U R G L E A E
G I Q C W X X P O H B A E E C I
G H O S T I B I T H G R I S L Y
```

From Page 9

```
G F E A R W P X T C A K M G T W
N G Z V I Y Y L M O J P Y U E E
I R W Q Q G O S J U U G K R R D
W I E A N S K Z Y E Y U E N X N
O S I T Y K H I Z G C W D W S E
L L R K K U F F A C P W B C T
L Y D P M C N Q A L H D Y A C E
E I I K H O N G F L L F W V Q R
B Q A V R Q N S T T H F V U W P
W C Z U L I D C D M N L B C A W
M F T H I W K I R E I B M O Z B
Y J V L E R Q A N L W K O F W E
S Z I P E M T F M P R S I J Z
O H T H S G U G P Q Y G Q I L S
C N V G K A Z J I D V C J N I R
A A I C K Y B A C A S K E T P U
```

From Page 10

```
S T K M J T G N I L L I H C R I
J P H L A C O O V V R E E T X G
U I E I R D W M O Z O M B I E E
K R G C E B T O V K T W F R I N
G U W V T P S Z U L T W O T E I
G X C A P E B T M M E L S R N E
L F I W C N R O K U N I G P Y Z
O S L K H F M P O C Q H O D S H
U F T Z N P B S B D M W L T L K
S Z C D K K I Z A Y L Q G A T P
Y H N D A N R P P I T T B P F R
U A P M A R Q L C Y P L B J B A
H J V G R J J R W N O O M B H N
M U A N M O R B I D K F T H L K
V U S K U L L L N K X P J C I R
S J Y C T H G I L H S A L F E F
```

From Page 12

```
M L G T Z H H F S Y I I G T A S
A N W D T I O X Z G U R J P O J
Y C V F V U M C Z F C A H L N G
A O T G N K K H S Y A E D R E Y
J O R O T N Q O S L P I I F N H
R P E L O O Y U P M E B D X L R
E R A K Q J P I O R N R D C K E
T A T Q T S Z J E H P R O A G T
S N D Z H A I T M C W J N H A C
N K X W G F I L K A P M L F E E
O K P I I R E A G F G K E H D P
M R J R N A A X H A U D J G O S
J V R A U B E E R N W W N F C B
U B M G C Q X M Q D I B R O M Y
T J Y Z E C I L Q R G Q M G I V
B E A S T Q Z I M V C A N D Y W
```

From Page 13

```
A G Z B V F V Q T Y W B A I T E
N A Z Y I T Y H T X P P D J X Q
O X H R D G T Z L O P D F E N Q
I M H N U A O T Y X N E B W E R
T G U U W X D N U K E A Y Q Y E
I C W Y C N N H A A L D O O U H
R A I P C O O Z M L B L E I F R
A C C Z L E C S S C R X N W W E
P K K D L V A U G I I O J I D P
P L E X E L D S A R C G Z T R U
A E D E F B W D G Z A G Y W T S
V S X C S Q M D Z E S P R O C V
S I T D V F H N F Z K T F S L K
U C H N A G U Z D N E U W L K I
E P J E H R H C X O T Q C O K I
G V M A S K S S I C K Y B D G B
```

From Page 14

```
Q O F A V T F R G U T T L Y X D
G M F L M I F F B W B H Y X I L
O H B D M B Y G G P M O B S J G
N H O D T U I E G R J C G M T G
E C G N R D Y G K Z J U X B I D
D R R H Y Q J H X W I S P A P J
A A E I U Q A E C S T K P K N O
R F R Y O B W S E P J Z X I Q N
E T G P N C S E O S O X M E X R
U Q G Q B E W B P L S N Z U J O
Q P D J M L A T B O V F C C C
S O U K W Z A Y W R E N S L B P
A O R H O M H V M E S P R O C O
M A B F G B E P O Q P H S W E P
D C Y G R S G R Q D J V Q N B W
B E A S T F I J M D E A D E V N
```

From Page 16

```
W C I B J X W O P D N H I W V C
P T X M V X F D F A H E F T E X
H B Z J D B R F K P C A Z M F F
N U D M N B I D V F P R E Q D U
O G E U J V C O P Z V T O I Z Q
I S A A F B Q H A V A M N J N V
T M D I B C Z F G R W T O S V Y
I C H V Y W E N Y X N E D O V F
R K P Q X C I Z K Y M T A O S I
A F L M T W D I W K E U H I S R
P U N L G V J I G Y Y D A C Y R
P N Z L K H Z Y A F J N Y L N E
A V I A U X A O F I H Z V Q C T
I E F J H D M I B A H L W H H
P K H M T U K G Q D A E D N U F
E T O C A Q U J I C K Y Z B J V
```

From Page 17

```
K C B E A S T M H D B L O O D T
T V P H W K B A I H F L Y S X T
E S W E E T S Z D C H M V F E E
H J O A K W W N P Q J W E R M U
C G N R D N T O M L M E R D R M
Y L Q T T S C O X H V T H E W A
C F E T T T J D Y V F R X A C S
L F J A T C P F N Y C D W D A Q
O Y S Q Q V E O C A W Y G A S U
P S Z U B C N T X A Y G B R K E
S I Q W R R W S T U L J L G E R
O A J P O X I V X A V S B Y T A
L Y Y C B K F Z B N Q Y J J S D
E U P C Q Q B Q Q L F N T B L E
U O W E T W U Q U T A Z T C N J
P B X S T B N V S P M J A S X U
```

From Page 18

```
Y V S N A K E C W M O O N O S L
J O W N X I C S G Z M A R B P H
K E I A I M V C X Z B V V E O R
J O C C U L T W D S L Q Q R U T
I A K S V B J W Q U B Q R C G N
V M E E K L G G G F K I Y Q O M
A G D C I S S Z M A B M H N W A
M E D O O A P E I L C V L P N S
P H P A T W R H E L A G G Q N Q
I I Z F B Y A S N G F S K C T U
R G L Y P L N N T A D B Q R D E
E V M L U V K S R M F Z M Y L R
B K D C O R J G C C N N A P C A
A U A D D W T H R F S N Y T J D
Z R E J M P K X T Z O C F Q F E
D T E F V E A Z I W S Q N X I A
```

From Page 20

```
M E G F M J D I S G U I S E L F
A S N R C A S K E T S P M Y L J
N A M C O D G A M E S F P L P P
G L S I H U N P F A V L N F X S
E Y O S C A R E L N B K Z K K L
L Y N R O Y N G E K Z M F N C L
N X W B D T U T B I F P J Q P U
B A T O R H N Y L Y Y Y D L A P
Z Y L A C F U D N A T X Q I R R
J K N G B R U Z D S S Y C W J D
Q K I N G L I B X I R E D C I R
U C F B O T K F K G H O S T T P
E Q F U H K U L D S N A L B Q M
E K O S K S W N V F E Y G C S R
N R C Y B K N S F V D A G G Y S
T H U J T F G H A S T L Y C D C
```

From Page 21

```
G S C A R E B F O G R E K B Z G
W Y C T P B O I R K O P D X H M
L H R S U S A D W R W C T C A N
T U Y B T R A N G B S B P U T A
E S P I D E R M E J K Q S B Q P
R B T I J V B K Z X U G C V A P
R W Y N R Z H I Z V L P B X E A
I U J J E A K U B E L T E X D R
F U P W R W S G U S S O Q J E I
Y G F Q N E N M O P J D R A A T
G I M Q R Q Q C L S V Q C T I
P P F L M R H X D Z L U G K H O
R K U R F D A D J R K R E A J N
V R A L G J H W Y W C K E Z O D
L L I K D T E I T I S L S J P T
A T K K F R U M N T I Q E M Q S
```

From Page 22

```
C H B J E H Q A O B M W B R T M
J U G C M O O T U D M R L W A F
G Q O T Y H A Z R F G I F U V J
N U B S R K J K T E N R S F S B
I E L Z N E M F Q I K O K G S R
V E I K F J P M R V L B H B N E
R N N Y M X J F E B O W L U I
E Y L I D X O F U U G T Z E M D
N R P S B F I M F S A M U O L L
N G L U Y L M N R Y I P Z J Q O
U T H E R N O D R A V H O T W S
M Y P R I M L J A W Q M M Q C Z
I B T H A X K Y Q S D E B H H W
H F C D I B Z P Z Y L S I R G O
A C K Y C H O P Y R P G E S X D
D S W E E T S V U B L A C K W Z
```

From Page 24

```
C H B G A Q I M A O K L D H D T
M A G X Z U H T J T J G I M E U
B Z R Y E H Z L H Q U E T R Q I
T E I C L M G X M E X N R G L Q
H S M Q F A Y R U A R T T F Y M
G N T Q G J K A Z S E E C D S
I A R I B D N Y E Y K Y P A E A
L K Q Z V K A F N E F M X W S L
H E G G S G I Y X I C O R E S P
S E C R C L D S D I I C E T C O
A R X A R I D U E V A K O H H T
L J L E P M A H Q N O I T O P C
F S T F M T V P M Y X U A C B E
N F D T L M W F Q S G B H U N L
A T D X T K O M W I H M U S F K
O U N D E A D G M C C O R P S E
```

From Page 25

```
O U M A S Q U E R A D E N B I R
K B N I I Q S I C K Y R N L M G
F N W N P R A N K M D J V J X A
O O G R E M X V Z O W N C Y V T
G I X C Q R O U I C F U J T R V
X A Q G X Q V T V M S K I F M G
B F O Y I F N I C N P I I Y C Z
T Z Z K G X B Z N S N R C V X P
C Z U R Y C W L E G F K A O S Y
G Q S S W Q S C X S P D W I Q O
O L M L O A O G E N I E K V F I
B Y C U D E M U S F T U J X L A
L T R E A T P N X F R U G O I I
I Z U T H A J E W O N U Q S H Y
N D C R S I W B F H B V V Z I A
N T E Y E B A L L S O V B O P D
```

From Page 27

```
G A N D Y P W F P O T I O N A W
U H Y G C G R Q E G B B S Y C W
U N Z A P J U C W A G H P V E E
U W A M O D Y R J D Q I O R W J
E S W E E T S P P E I R E J W M
N R Z S F L B C L V H W J A G A
C D N U Z O J D M I O B N C O U
H J B Z T R O B J L Y X A C B S
A X D M Z F X H F O Y K B O L O
N T K P D G N O C F B F O I L
T D F I V K T J E S H F P F N E
K R P P O I P W E O G F H I R U
V K F C Y M P G D E K I M N F M
C W P J U E P K O H Z E W V I K
C G O S T J D Z I T F L Y P U L
P V W H F R M U C B B C F Y X O
```

From Page 28

```
E C R Y P T C X F I S P I D E R
F L R S H B Z Y U N W V A S Q C
F V K C J I B R V R L D O S E P
R Q V A Z W G R E I Q E D M C E
M Z X R E S O J N Y S A E P V A
O S W E E T S Z J R R T U O G F
N J K X A F X W M P A H B T U T
S G E X K E U O W R J X J I H E
T P F H Z X G Y Y U D I E O B R
E B I K Z F A W O H Q U L N E L
R O E P I L M S M S Q V Z G A T
B H F Y U F E Z B O E D X O S F
C D K C Q K S B L V P P L Y T E
I X A R Y S Q E U X J S D J U R
N R X P C A S N R C P C Y F R J
D E Z H V Y A L C U J M M M V G
```

From Page 29

```
S E M A S Q U E R A D E W G J K
P S C W S S L R O B O T P G C A
O W G T X U G A N D Y A C F A Z
T O M D O O A I F M B B T L M L
I H E D T P U K W U H C R C D T
O I D S W Q L W L Q F Q D G S W
N S F I Z B E A S T K L T E W P
Z D S R G V L O S Z D K Q A V G
S F M K M F G E K M P E V A Y Z
C X W N Z A G Q G R B B V B F F
R R O F B Y L N J X E T Q C D F
E H D Y G F Y G H O S T D T X D
A C A C K L E Z O K B P C F C U
M L H U A M T L Z C J S T E L W
Y T S V E Y U H R S L R G W P S
W C T E R R I F Y V Q N Q Q Z S
```

From Page 31

```
R P U T G T V B V R K B I J G G
R K T H B I E R X M Y X I R R J
G V R A V P T C J P E E H U O G
P X E N H I V I Q Z Z N E L Y K
U Q A T B L U X B O F S A K E E
M P T M T W B R J I O Z F R P E
S M R D Q P N K G M G H M R C J
A U T R J D V S E O T H H P J D
L M Z Z L S L Y E J O J B R Z N
P M R F L L K X N W P P G I H E
O Y P M A C E F K M D V T L V T
T M J B F Z W X I X E P I O U E
C T E M I P B X W J A E M W H R
E Y Q B R C X L O S T O B O R P
E Y X R U V A S L J H H F C T N
S V F A I R Y L O G E N I E F Q
```

From Page 32

```
F A L L M Z F Z R D E A D D C Q
Y S G C K Z S K R O Q C R A P H
Y L R Z F I A T L K G L O P O G
C K I M O N O T J T R B G R S V
C B S O M S D D V U D L R S C P
L Y L X M S J X Y V M I E E A X
H F Y N R X P N Z Q B C M P R S
O J F Q F A T R S L I C R O E U
R G P J Q B M F R I L Z N T I P
R E B A C L L Q N C H P P I R E
I V F W V O Y N O H Q F O O F R
F P E R W O X P Q K Y V M N Y H
Y Y C E M D A K C Q B X V X T E
U L R H B B N P H C T Z A I Q R
L E H M X F K A S L K U B L R O
W W J K Q U S S W F H E I B D I
```

From Page 33

```
D W Q Y D A R K N E S S N B A E
M G E W R D F X P O T I O N F L
U E J R L B L O O D F A O U E V
M L G G E B Q B K U S J H U J L
M A F D D W L B J X F T I K T W
Y F Y S R H O C U S F Y T V A D
P S N W M W I L N C M Q O N Z L
S S U D M R J K F J B P H U L H
Y B A L Y N I H A K T Q Z G Q K
E Z W J E D W V T R E A T N G F
L O O W M I I U H J E V S I I B
F P D J L I A K P R V I P A A S
W C A N D Y V F D B U A D N D I
I K H R E D A M E P W Q X L W A
N N S W C O W U K S A O T U O O
H X W P T E R R I F Y I O T L S
```

From Page 34

```
O W M A U S O L E U M Q M M J B
C Y E S J E I S B U G S S N H D
C T T R Z Z M O O N S N K J L F
U O G R E K Q K O M T F Y G O A
L E G J J W P B C D J F X D F W
T V S H F E Q M P U W E H Q K F
X Y F C F P L L V R N Z A T W E
Y S Z R Z E W L F U R I Z Y Y J
I E V I K X O A S J K R X J S Q
C F N W P X W H X S B D J V V R
K V I U Q F Y L O I E J C J S M
Y A L Q V S G B P C A N D Y W Z
L D B W M G F I C X E W K N J U
Y G O R P S E X D I A M B R N N
R J G F Y K U U J G X G T E A M
B G S O L D I E R J G C W P X D
```

From Page 36

```
E P Y Y F I R R E T L B N D G L
G Y K J X G M N L K J U V E C Y
W M E Z M V Y Y E K S N A K E I
N C V B O Q Z V C F F D L D M C
Y Q D E A T H X I A T E N C R K
J P R V K L Q T O B H A R X W Y
I W R K B X L V F J T D V G C W
A P Y R Z N J S U Y Z O N A W F
X S O U K Y V S H U B R O W Y R
T Y G R Q F F Z S A E Z P R A B
M X Y E L S O K O E W F P N U U
M L L F J S W A Y K N A R P C G
Z Z G Y P Y Y B V X G K G P V S
R D R G R Y P T W S F Q R E Q C
J A G R I S L Y V G A T I A A S
O G N I T L O V E R Z I M Y D J
```

From Page 37

```
K G A N D Y L Z G R Y P T M R E
M O Q I H F I S Q I V J O O J C
S W I C K E D B N H L A G B E M
P U F K K D C M N N L Z R M E A
E Q L Y T G S Y O L P X L C G U
C Y L Q Z Y X L Z Z G I E L K S
T J G X W U I V Y Z A H S O F O
E A Q U L F R S E R D J E W C L
R H P B G W F E Y Q F M N N B E
G W W E V D L X B E N V Q T G U
N I X Q K E S C S Z S T F O H M
Z W T L J J U R G R W C V T O D
Z H Y R N P B L Y Z C Q B U S Q
T O R W G I O S B A C W S I T O
O O K K I N J Q M Z R X X Q A O
H S V E M K A U Y T W Y V T Q E
```

From Page 38

```
B O G R E O Y B P V G R A F T E
E H Z H N F S T A S C P X L S A
H G O B L I N S N R Q V U E L G
O Q M A G R O E T E A X J A H R
R F B X N X Q N Q S C O R A S U
R E I V G R N X N H B M D N H E
I I E I V W M P B S I N N G A S
F K V S H J Q X W N G P Z E D O
Y U T V B L I Y G A Y Q A L O M
C Y I Y B V S V N K W J A G W E
E T O N L P K L K E Q B J L U F
M G O L G F E M H D U G Z Q T V
Z U C L O D O R R Y C B O D L A
Y Q C M D F E Y K J K R N F Y M
V Y R I U M L X A C P Z F Q N J
C C O H S B N X Z X H K P U P N
```

From Page 40

```
S B M T N A H C N E M L F A O Z
C O E P V F N A S X H O T U K M
Y A L A D V K A Z K I M O N O M
J C L D V N R W C R Z G G D V O
M U W E T R D S L N F J O E G O
N K Q N J E A P V W D M S A F N
D S M K N G R A F T Y E J D D W
N V I B B R P H E A Y S J Y H E
V L R N R V F E E F T C K D G G
C Q B O R D G H L K L H J D R W
A I L W D X N Q O R I W S O Q I
S V Y T B F K D U C I G A J R C
K M R A Q J I C F L Z R T C N K
E C O R P S E C Z G R P R B P E
T J C V U F M A S K S P W O M D
Q M U E L O S U A M G D C X H D
```

From Page 41

```
S X R P V G F M J L M H I T G P
P B W X X Y F J S P C K T Y O U
Q Q S I F O O L A Y W M G F E G
E M N U I K R F I X O F C B M R
D U L G P G X G Z F M O N U X O
A M C T T B Z Y I M R G T Q W L
R M O V F I K G V N B S C R Z A
E Y R Z X Y F G K M A H A T B L
U B P T A G N J G T Z D E V I U
Q N S F P I I G H K Y G K G V C
S F E P L W G R P O S J Q R T A
A C Q L D J K D M O N O M I K R
M P I Y U C E K L L R W J S Y D
G H F E W L W M Z O V P H L Y G
C L H R O T G M O I R Y U Y C Q
F A L L Q L P W Q T C A P E S B
```

From Page 42

```
D I M S E N R O C P O P I H U Q
T I U G S M U P U Z X C K B N C
S H S K J W B Z K A I T I N A A
X V I G S L B M R U Y M M J T N
L H W M U V O U G Y Q G O W N D
H Y B H H I V U I T Q Q N L C Y
S Y T M X F S W Q R D M O E Z B
Z F Z Q M Y Q E S U F N P N G F
F D S I V Q B R I N H E E Z I Q
A D H S C N S S E A Q L U V Y E
L K J F Q N X Y J H N A R B H L
L V F H E W L M O N R Z G G Z F
X R U T Q E C V V P T E R G O T
Y H T Q I F O G B M O I P Q K U
C Z I C S C A R E G P B D U H W
W X E D A R E U Q S A M A Z S T
```

From Page 43

```
F U Q C F L W M S G T K E S M T
O S E H C F S W Q S T G O K E K
V S G P P W R V I O H E B R U A
L W Z T Y N L C V O H N R O K Y
G E D M R O H X D X U I V S C J
E E S A D E A P E U F N R F Q
F T P M T Y B E W Y H I I Z W P
I S E W A N Q V G T F G W K H R
L M L O B Z T F G P S A N U E E
R K L B N N S A K I X K V O G T
E B H M A I E W P Q K Q Q Q X S
T F J H G X T D C D F P F W G N
F Z C E O D K A S Q C Z E D K O
A N E Z T Z V K Q L A N A R K M
E L K N N O T D L D I B R O M Z
D Q F O G D N Q V E L F E S V H
```

From Page 45

```
I K R O B O T M C R E E P Y H K
F T W X P V Q B G H V K N R S A
S U I A Y F F F I B O I O U F F
P S C R E A M Q Y G X J M T R L
E G K B N X D T F Z E T E Q W A
C N E Q V T W B C X B R P K L S
T K D B K Q Z U C R L A E I E H
E Y I Y D H C W X I A Y J C O L
R U C K W E I L F P C U V K Q I
F M P Z P G R E A U K L Y Y M G
C J B K L E X I K H W F K H U H
B P Q N I F L J V Q W L Q M M T
S Q G D D O J N Q U Y O C J M W
Z O L G H P W X D B I M X Z Y I
I O P U B G B F V L S L F Q A I
S A W H O D O C A S K E T D Z M
```

From Page 46

```
W J X B K X O Z W H G M B D C S
J J Y W Y S C S V V R S H U O M
N Q O V L S G J G G C G O L M S
P P G V Z Z T W X M A Y D P H U
H A R C C M Q T I B P I L O L S
U D E R G G K W W G R V V Z R T
G E M Q J U K R U P M T G D M O
N A E Y D P Q Y H W F R S B X Y
I T O X X F Y Q J V A D G R X F
L H T L E L W X T B W X R M V I
L Y J A T P C C N S R Z L W Q R
I U S S Q Y Z I N I F F O C R
H W A S A T A O R A U P N R G E
C H A N E F K N V K N P I E P T
G T B F B O T W M E T F I L Y J
A C A C K L E P O C C U L T E Q
```

From Page 47

```
G E B E L L O W I N G F M N H P
I D C A B F A L L J H F T T Q Q
F Q B T H S I B L A C K W U Q W
O W N U O G A B M N O T C X X D
G Y C R Y P T H L D A F U Q V V
Y O E U I V L Q F I K M J L Z X
A S A Y Q D W A X P A X U V O P
R M E V H N Q Y S T Z J F J V F
G W Y G U O K Q G M L A R J U M
X K N D K O Y S C N P Q V P A B
C Z I V G F R E M K I N G L S X
A C F E X T N S G K C M J V R I
N N F T Y E O N E Q M Z R W S R
D P O T I O N B F C U D F A Y A
Y Y C L S E W U O R M W F F L V
J U H O R R I F Y I N K V M H A
```

From Page 49

```
Q C S M N C G R U E S O M E K Q
F E N H O C U S C I M M R W Z M
E K L J Q Q M O J A C K K N E O
A J F A L L S X M N N E Z A H K
R Q L M Z L X Z R T Z D E K U V
X I F L M U I U F R G T E L T F
S D W D Q W B N P N V O Q Z Z K
U X T A I F U C G L M J E Q U X
S W M B S Q R O R H C M W T M V
N E H E S M U M M Y X H B D C D
A O O S M T F H Q B E T S U K J
K J B P Q L N M E A I I J H A G
E O B R K Q F Y F S S K R Z J L
T C L O W N B G D K P E B R B S
N G S C V P A W W O Y G F D O F
K V X V V G S O L D I E R H O H
```

From Page 50

```
X R G X I P P A B H V K L S Y S
G A T D J V T S W P O O L V O V
N N F W W A U O H R W W H L X X
I G A O T H A L G T O N D P O Y
W E I H I K W W Z H R I U E O F
O L R V Y C C Q Z Z E G X X W I
L M Y Q E N B K G R P H A V X R
L I G U F G C X A G L T W F O R
E Z V O Y T N L V G B Z T D K O
B A T K G R W Q T C L Z I N W H
J U H G O A W F V K D P V C Z W
X Z P C F A J Q T U M K O A P W
N Y F K J I F R O D A E D N U F
N O T A X X Q S X M Q W C D Q F
P S K A F V O U R C S B M Y A G
M U M M Y D P L Q C O R P S E J
```

From Page 51

```
D T F G Z A A X G L B G D I D G
M U N L P W K T B Y O A A X R J
I I B M C H T B H T Y M O U F A
R O N D E I Q P X N A E E R P Z
F U M P W P Y F Q L I S X E J F
O E A X I T C J L Q O M P Y D F
R E S W Q F N F E M T V B I U H
E N K Z F Q W G F J A B H I V Y
H K S S G A N F W Z I B V Z H L
R I F M C I B O K V W J B G M T
E G L M M I T V D D N J E O S S
P G D R B H Z B P I H B K B I A
U Q A A V E M E F Y K R K L T H
S I K E G W O T G D E K C I W G
A S M F M W O U W P J E W N L P
F B E L F K J N B E A S T P P M
```

From Page 53

```
R H T A Z R E I D L O S M W J L
W Q Q H K V W V T U N K C E L G
P E R V U S N K Z P D E A T H R
A G I C B G U X P F U F C N F I
B K A V O F O F J A V O K W P M
G J F A I R Y A G Y B M L G C S
B Z I H U O N U Z P F A E K K O
Q U P L I L B P U B V T C H A E
Z B E I I Z W D Y L I Y W S N S
M M C X V N Z K R I A F B D N P
C I M D N V M M R E P K D Y J E
Z R W L E Y J Z M I T S A E B L
J V J P X N C Z W P C S J K P L
W B F H G R I S L Y F D N Q E U
N Q U E E N Q Y M A Y Y J O H U
S X R G Y R A T E M E C Z R M C
```

From Page 54

```
Y O O G R E A J M O R B I D G Q
V X E J R G T E T H X Q L G Q W
X S H A D O W L T A A C F I E V
C G E C W E T W O A N R J K Y F
E R B K E K G X S D O O E C D L
M K E A V X A W C I R W J R N A
E O N G K B G X L E O N P Y M S
T I Z S G R W U U L G Y V P C H
A W V Z Z E Q I F R E W X T P L
R X E M J I R B W R B O X T W I
Y L S O N E S R J U N F T N E G
J K V B I P R Z E P D R Z L I H
T V D D G U K B O V T C N K R T
M I L Y H R C L A N H B C Z D A
H O P E T Y O Q R J T M T U B P
S O D D Z P M X G O J H C Q J E
```

From Page 56

```
S E U M G E C T O P L A S M Z L
N X N B B J E L F O S Y Q Y L D
A T T C M F D M O R B I D J S V
K I Y L H Q Z A G U N N T Z K V
E A U B E A S T J T S Z S D D A
W Q F A A Y N W I W I Y V I F P
W S J V D E W T X O P P O H T R
H Q H N Q H M M Q I V P D D U T
C Z N D V R H R O W H E K O X C
R W E N K K E S W Y R I E M X I
Y Q L S C Q G F L X E N C M J J
P Q K U Y O X V B F A I R Y H F
T G C Z C X I H K G P A R Y S Q
F F A L L X B D K E P U O R F P
N T C M I V T O B T Q Z C X E J
I N J H F G H A S T L Y A M C T
```

Color Me In

www.ingramcontent.com/pod-product-compliance
Lightning Source LLC
LaVergne TN
LVHW060142080526
838202LV00049B/4064